Mim Brueder Thomas
ar Wyhnacht 2006
vo dr Eliane

«Ich möchte, dass meine Bilder Zeugnis geben von diesem schönen, schrecklichen Land und seinen Bewohnern, den Pinguinen.»

BRUNO P. ZEHNDER

WELT DER PINGUINE

BRUNO P. ZEHNDER — FOTOGRAFIE

CHARLY HOCHSTRASSER — TEXT

EIDENBENZ KALENDERVERLAG

INHALT

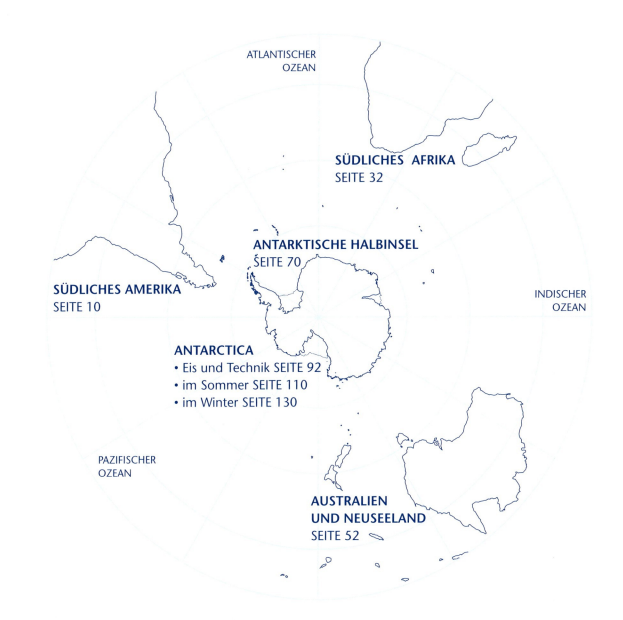

ATLANTISCHER OZEAN

SÜDLICHES AFRIKA
SEITE 32

ANTARKTISCHE HALBINSEL
SEITE 70

SÜDLICHES AMERIKA
SEITE 10

INDISCHER OZEAN

ANTARCTICA
• Eis und Technik SEITE 92
• im Sommer SEITE 110
• im Winter SEITE 130

PAZIFISCHER OZEAN

AUSTRALIEN UND NEUSEELAND
SEITE 52

EINLEITUNG

PINGUINE SIND BESONDERE VÖGEL

Die geografische Verbreitung der Pinguine erstreckt sich über die südliche Hemisphäre. Von den heute existierenden 17 Arten brüten lediglich 4 am antarktischen Kontinent; die meisten Arten sind im subantarktischen Raum und überhaupt im Einflussbereich der nahrungsreichen antarktischen Strömungen zu finden. Brutplätze liegen auf subantarktischen Inseln und an den südlichen Küsten Südamerikas, Afrikas, Australiens und Neuseelands. Das zirkumantarktische Strömungssystem ist extrem reich an Plankton, Fischen und Kalmaren.

Pinguine sind derart an das Leben in den Fluten des Ozeans angepasst, dass sie, Raubfischen ebenbürtig, wendig und schnell ihrer Beute nachjagen. Ihre Körpergestalt ist an schnelles Schwimmen und weites Wandern im Ozean so angepasst, dass eine energiesparende und effiziente Fortbewegung gewährleistet ist. Eigentlich sind sie unter Wasser wie Fische gestaltet. Dies hängt mit den physikalischen Faktoren zusammen, mit denen sich die Tiere während des schnellen Schwimmens auseinander zu setzen haben.

Pinguine zeichnen sich durch eine hohe Mobilität aus. Meist sind es Langstreckenschwimmer, die im jahreszeitlichen Zyklus zwischen verschiedenen Nahrungsgründen und dem Brutgebiet wandern. Die Schwimmdistanzen betragen oft Hunderte, manchmal sogar Tausende von Kilometern. Allerdings ist Mobilität nur sinnvoll, wenn sich der Energieaufwand für die Fortbewegung in Grenzen hält. Um bei der Umströmung im Wasser möglichst wenig Reibung und (bremsende) Wirbel zu erzeugen, ist der Körper spindelförmig (stromlinienförmig) gestaltet. Der hydrodynamische Körper der Pinguine gleicht jenem von schnellen Fischen und von Delfinen.

Essenziell ist nicht nur die Körpergestalt dieser schnellen Schwimmer. Auch der Antrieb ist bemerkenswert. Die Flügel, die sich von den Flügeln flugfähiger Vögel ableiten lassen und mit ihnen homolog sind, arbeiten als Antriebspropeller. Die Struktur eines Propellers ist uns vor allem aus der Technik bekannt; es sind Drehpropeller, die auf der Erfindung des Rades beruhen. Es gibt aber auch biologische Propeller, die rhythmisch arbeiten (die Natur hat nie das Rad erfunden). Die abgewandelten Flügel schlagen als lang gestaltete Propellerblätter auf und ab und produzieren so den nötigen Vortrieb.

Eigentlich sind die Anpassungen dieser ozeanischen Vögel an den aquatischen Lebensraum so vollendet, dass sich der Kontakt mit dem Land beinahe erübrigt. Sogar die Fähigkeiten zur Navigation sind so ausgeprägt, dass die Tiere mühelos die ergiebigen Futtergründe finden. Allerdings gibt es hier einen Haken: Trotz der Ozeantauglichkeit müssen die Pinguine regelmässig ans Land beziehungsweise aufs Eis; dann nämlich, wenn es um die Brut geht. Damit sind wir beim Grundproblem aller ozeanischen Vögel. Einerseits sticht die ozeanische Anpassung heraus; es gibt die perfekte Fortbewegung und Überlegenheit bei der Jagd nach Fischen und Kalmaren. Andererseits müssen Pinguine allein durch die Tatsache, dass sie Vögel sind, eine Brut auf festem Grund abhalten. Sie müssen paarweise ans Land, um zu nisten, müssen Gelege bebrüten und Küken aufziehen. Beide Eltern pendeln zwischen dem Meer und dem Nistplatz; zuerst wechseln sie sich beim Brüten ab, später beim Bringen von Futter aus dem Meer.

Der lange fischförmige Pinguinkörper kann aus Gründen der Statik an Land nur zwei Haltungen einnehmen, entweder auf dem Bauch liegend (was beim Schlitteln auf dem Eis vorkommt) oder eben aufrecht; eine Eigenschaft, die sie uns ebenfalls aufrecht gehenden Menschen besonders sympathisch macht.

Prof. Dr. David G. Senn

PERSÖNLICHES ZU BRUNO P. ZEHNDER

LEBEN IN DRÖHNENDER STILLE

Im Sommer 1996 sass Bruno P. Zehnder in einer Pergola im Misox und verhandelte mit einem Einheimischen über den Kauf eines abgelegenen Walserhauses. Die beiden verstanden sich gut: Naturbursche der eine wie der andere, weltoffen und neugierig beide, locker im Gespräch und zäh im Verhandeln. Schliesslich einigten sie sich über den Kaufpreis, reichten sich die Hand, und Bruno P. Zehnder versprach, in einem Jahr, wenn er zurückkommen würde aus der Antarktis, den Vertrag zu unterschreiben. Es werde seine letzte grosse Reise zu den Kaiserpinguinen sein, sagte er, und auch von New York habe er genug. Das Bergdorf sollte ihn schützen vor dem Getümmel der Welt, zugleich aber war er nicht weit von den Zentren wie Zürich oder Mailand und wusste ein befreundetes Paar in der Nähe.

Warum hat er den Vertrag nicht gleich unterschrieben? Wollte er sich alle Optionen offen halten, so wie er dies (ausser in der Pinguinfotografie) in den meisten Bereichen des Lebens tat? Blieb ein Misstrauen, das er hintergründig Menschen gegenüber hegte? Oder die Angst vor einem Leben ohne die Pinguine und die Herausforderungen der Antarktis? Wusste er vielleicht irgendwo und irgendwie, dass er nicht zurückkehren würde?

Bruno P. Zehnder war ein Kulissenschieber des Lebens. Er zeigte sich als ruheloser Mensch, ständig aktiv; er pflegte eine Vielzahl von Beziehungen; hinter alldem aber suchte er seinen eigenen, verborgenen Weg. Er arbeitete auf einem Schiff, in einer Werbeagentur, er führte erfolgreich eine Sprachschule in Tokyo, er lebte längere Zeit in der klösterlichen Welt der Sumo-Ringer. Nachdem er 1975 zum ersten Mal in die Antarktis gefahren war und dort die Pinguine fotografiert hatte, war für ihn offenbar geworden, dass er hier seine Berufung gefunden hatte.

Sein Weg war letztlich ein religiöser Weg. Die Antarktis war seine unendlich grosse, unendlich stille Kathedrale; die Pinguine verkörperten darin das Geheimnis und die Kraft des Lebens. Das Piepsen des Kaiserpinguins im Ei, bevor das winzige, schutzlose Wesen in die unwirtlichste aller Welten purzelte und im Schutz der Eltern die Eisstürme überstand, war für ihn die Offenbarung der Geborgenheit im endlosen Zyklus des Lebens. Unter den Menschen fand er diese unauflösliche Beziehung einzig verwirklicht in der Verbundenheit mit seiner Mutter. Nach jeder Expedition kehrte er so rasch als möglich zu ihr zurück; vor seiner letzten Reise war sie verstorben.

Ein ganzes Jahr lang hatte er zuvor in der Antarktis verbracht, ausdauernd und unbeirrt ein letztes Ziel vor Augen: Das Bild eines Kaiserpinguins, der bei einer Aussentemperatur von minus 60° C aus dem Ei schlüpft. Er hat das Ziel erreicht. Was blieb für ihn zu tun? Der Schutz der Lebenswelt der Pinguine vor der Zerstörung durch den Rohstoffhunger der Industrieländer und durch die Sensationsgier der Touristen war und blieb ihm ein grosses Anliegen, aber auszufüllen vermochte dies seine Sehnsucht nach dem Absoluten nicht.

Die Naturgewalten, in denen die Pinguine überleben, haben ihn überwältigt. Jahre zuvor hat er den Sturm beschrieben, in dem er ums Leben kam. Er sprach von der gewaltigen Masse Wind, die hämmernd, polternd, pfeifend rast wie ein Düsenflugzeug über einem tobenden Hochwasserfluss, von einer Symphonie des Wahnsinns. Was er in seinem letzten antarktischen Sturm erlebt hat, bleibt sein Geheimnis, ebenso wie sein Leben ein Geheimnis bleibt. Offen liegen vor uns seine Bilder, glänzende Spiegel transzendenter Visionen.

Hanspeter Gschwend

SÜDLICHES AMERIKA

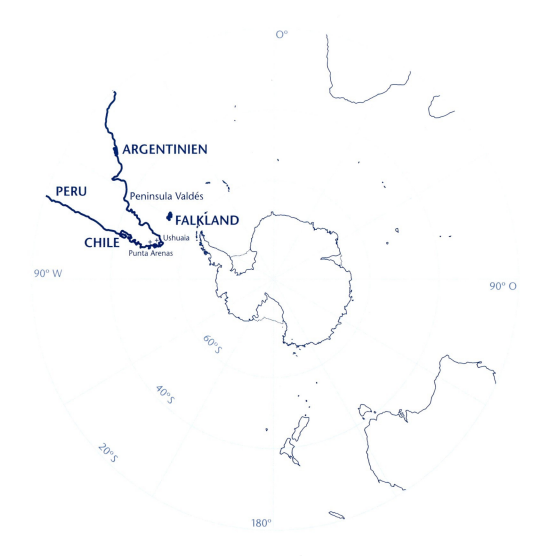

Die heissen, trockenen Küsten Südamerikas würde man spontan wohl kaum mit Pinguinen in Verbindung bringen. Und doch finden sich dort gleich drei eng verwandte Arten. Als nördlichste Art schaffen es die Galápagospinguine sogar bis auf Höhe des Äquators. Möglich wird dies durch den Humboldt- und den Falklandstrom, welche kaltes und nahrungsreiches Wasser den Küsten Südamerikas entlang führen. Diese Kaltströme sind der eigentliche Lebensraum der Pinguine; gleichzeitig stellen die Überfischung der Meere und die Gewässerverschmutzung in Zusammenhang mit der Ölförderung die grössten Gefahren für die Pinguine dieser Region dar. An die Hitze an Land haben sich die Tiere gut angepasst und sind vielfältige Lebensgemeinschaften mit Leguanen, Robben oder verschiedenen Vogelarten, aber auch mit dem Menschen und seinen Tieren eingegangen.

Speziell auf den Falkland-Inseln kommt es immer wieder zu seltsam anmutenden Begegnungen mit Kühen und Schafen. Dennoch ist diese Inselgruppe ein eigentliches Wildtierparadies. Viele Buchten, steile Klippen, bis 3 m hohes Bültgras oder flache Küstenabschnitte bieten geschützten Lebensraum für unzählige Tierarten. So sind die Strände wieder bevölkert mit Pelzrobben und Seelöwen, nach deren fast vollständiger Ausrottung im 19. Jahrhundert. Ferner finden sich rund 200 Vogelarten auf den Falkland-Inseln. Darunter Albatrosse, seltene Kormorane oder endemische Entenarten. Auch für Felsen-, Esels-, Magellan- und Goldschopfpinguine sind die Inseln ein wichtiges Brutgebiet, wenngleich die Bestände teils drastisch zurückgehen. Einzig eine kleine Königspinguinkolonie nimmt stetig im Bestand zu.

14

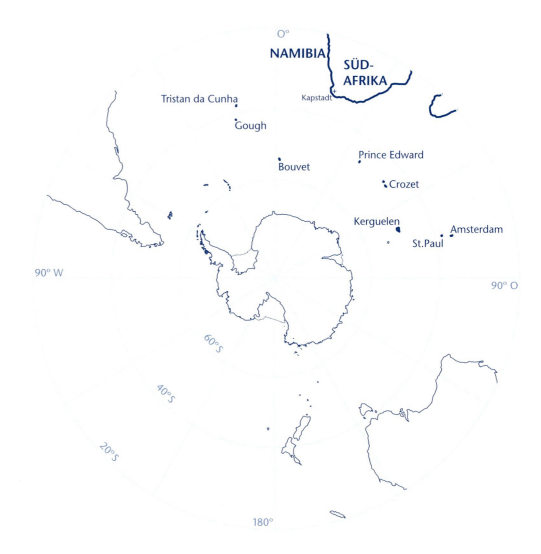

SÜDLICHES AFRIKA

Brillenpinguine sind die einzige in Afrika beheimatete Art. Die bekanntesten Kolonien befinden sich in der Nähe von Kapstadt, doch verteilen sich die Vorkommen entlang 2500 km Küste – von Moçambique am Indischen Ozean bis Namibia und Angola am Atlantik. Wieder sind es kalte Meeresströmungen, der Benguela- und der Agulhasstrom, die den Pinguinen ein Überleben ermöglichen. Die Brutgebiete haben meist die gleiche Prägung: kleine, felsige Inseln und steinige Strände mit wenig Vegetation. Zum Schutz vor der Hitze brüten die Brillenpinguine in Erdlöchern oder im Schatten zwischen den Felsen.

Im Gegensatz dazu bieten die subantarktischen Inseln unzählige Varianten von Lebensräumen und eine entsprechende Artenvielfalt. Vulkanischen Ursprungs, sind die meisten nur wenige Quadratkilometer gross, aber haben teils bis 2000 m hohe Vulkankegel. Es finden sich darunter eisbedeckte Felseninseln wie auch üppig überwachsene, wolkenverhangene Schatzinseln. Keine Insel, auf der es nicht endemische Arten oder seltene Unterarten gäbe. Das gilt für Robben, Sturmvögel, Moorhühner und Pinguine genauso wie für Gräser, Farne, Flechten oder Moose. Auf Grund der isolierten Lage konnten sich Tier- und Pflanzenwelt auch ungestört entwickeln Im Falle der Goldschopf- und Königspinguine teilweise zu Kolonien von mehreren 100 000 Tieren. Die Inseln liegen fernab der offiziellen Reiserouten, nur wenige sind überhaupt bewohnt, und seit die Zeit der Robben- und Walfänger vorbei ist, sind es grösstenteils wieder die natürlichen Feinde – Orcas, Raubmöwen oder stürmisches Wetter –, vor denen sich die Pinguine in Acht nehmen müssen.

46

AUSTRALIEN UND NEUSEELAND

Die landschaftliche Vielfalt ist enorm und reicht von vergletscherten Vulkaninseln im offenen Ozean bis zu den dichten, bis ans Meer grenzenden Regenwäldern im Süden Neuseelands. Gerade um Neuseeland bieten sich zahlreiche Möglichkeiten, Wildtiere in besonderen Schutzgebieten zu beobachten. Ungeachtet der teils umfangreichen Massnahmen ist der Erfolg unterschiedlich. Einerseits haben sich die Bestände verschiedener Robbenarten, aber auch Möwen und Albatrosse sowie der Zwergpinguine in den letzten Jahrzehnten erfreulich entwickelt. Andererseits ist die Lage für viele Arten bestenfalls stabil; Hector-Delphine oder die sehr scheuen Gelbaugenpinguine sind heute stark gefährdet. Diese vielleicht seltenste Pinguinart ist nur noch an wenigen Brutplätzen vertreten. Nebst dem Verlust von Brutgebieten durch Brände oder Erosion waren der direkte negative Einfluss des Menschen wie auch eingeschleppter Ratten und Hasen oder verwilderter Katzen in der Vergangenheit wohl zu gross.
Ein ähnlich widersprüchliches Bild bietet sich auch auf den südlich gelegenen Inselgruppen. Strenge Schutzbestimmungen führen zu steigendem Bruterfolg bei Tölpeln, Albatrossen oder Königspinguinen; gleichzeitig steigt der Kampf um die Nahrungsquellen. Fangschiffe und die industrielle Tintenfischjagd konkurrenzieren mit Kronen-, Felsen- und Dickschnabelpinguinen, und die Langleinenfischerei verschuldet den Tod vieler Sturmvögel und Albatrosse. Dass die meisten Tiere, wie zum Beispiel der Haubenpinguin, ein extrem kleines Verbreitungsgebiet haben oder auf eine einzelne Nahrungsquelle fixiert sind, erhöht die Anfälligkeit für Störungen ebenfalls.

54

ANTARKTISCHE HALBINSEL

An keiner anderen Stelle lässt sich schneller in antarktische Gewässer vorstossen als von Südamerika aus. Wie an einer Perlenkette reihen sich verschiedene Inselgruppen bis zur Antarktischen Halbinsel auf. Sie sind geologische Ausläufer der Anden; Überbleibsel einer vor Jahrmillionen verschwundenen Landbrücke zwischen Südamerika und der Antarktis. Die meisten wurden im ausgehenden 18. oder frühen 19. Jahrhundert von abgedrifteten Handelsschiffen oder Robben- und Walfängern entdeckt.

Die Überfahrt von Kap Hoorn führt durch die stürmischsten und gefährlichsten Gewässer der Welt und dauert auch heute noch 2 bis 3 Tage – der Eintrittspreis für den Zugang zu einem einzigartigen eisigen Paradies. Steil ins Meer abfallende Gletscher, Treibeis und Eisberge, schwarze Lavastrände, Moos, flechtenüberwachsene Felsen und überall Tiere in grosser Zahl. Aber auch Spuren menschlicher Präsenz, sowohl aus der Gegenwart wie aus der Vergangenheit. Die verhängnisvolle Nähe zu Südamerika mündete in einer beispiellosen Industrialisierung des Robben- und Walfangs, der diese Arten bis zur Grenze der Ausrottung dezimierte. Die halbzerfallenen Fabriken und Schiffswracks sind heute Anziehungspunkt für eine neue Industrie: In zunehmender Zahl sind kleinere Kreuzfahrtschiffe mit interessierten Antarktisreisenden zwischen den Inseln unterwegs. Mit zum Programm gehört meist auch der Besuch einer modernen Forschungsstation. Rund ein Drittel aller Antarktisstationen befindet sich – teils in Sichtweite zueinander – im Gebiet der Antarktischen Halbinsel. Erforscht werden Meer, Wetter, Klima, Eis, Schnee, Tier- und Pflanzenwelt, aber auch die Beziehungen und Wechselwirkungen mit der Umwelt in unseren Breitengraden.

74

86

ANTARCTICA – Eis und Technik

Als erste Sendboten der Antarktis tauchen vereinzelte Eisberge am Horizont auf. Mit zunehmender Eisdichte in Küstennähe steigen die technischen Anforderungen an Transportmittel und Ausrüstung. Vom rumpfverstärkten Kreuzfahrtschiff, mit dem sich kleinere Eisschollen noch zur Seite schieben lassen, bis zum Eisbrecher, der sich durch eine 2 m dicke geschlossene Eisdecke kämpft.
Mindestens so problematisch wie die Eismassen sind thermische Stürme, die regelmässig mit über 200 km/h vom Inland in Richtung Küste rasen, sowie die konstant tiefen Temperaturen. Einst wie heute bedeuten sie eine überdurchschnittliche Belastung von Mensch und Material. Wenn die durchschnittlichen Sommertemperaturen bei der Antarktischen Halbinsel noch im Plusbereich liegen, so sind sie im übrigen Küstenbereich permanent unter null. Und im Winter sind problemlos minus 50° C möglich. Den Kälterekord hält die russische Inlandstation Vostok mit minus 89,2° C.
Viele der aktuell fast 80 antarktischen Forschungsstationen gehen auf das Internationale Geophysikalische Jahr 1957/58 zurück. Die beispielhafte internationale Zusammenarbeit unter den Wissenschaftlern führte 1959 zur Einsetzung des Antarktisvertrages, eines bereits mehrfach erweiterten Regelwerks, das die Antarktis unter speziellen Schutz stellt und zum Kontinent der Forschung macht. Die zur Zeit sicher aufsehenerregendsten Projekte sind verschiedene Eiskernbohrungen. Aus den über 3000 m langen Bohrkernen können Klimadaten der vergangenen 800 000 Jahre rekonstruiert werden. Diese Informationen helfen, die aktuellen Veränderungen zu beurteilen und Prognosen zur Klimaentwicklung zu erstellen.

93

95

96

ANTARCTICA – im Sommer

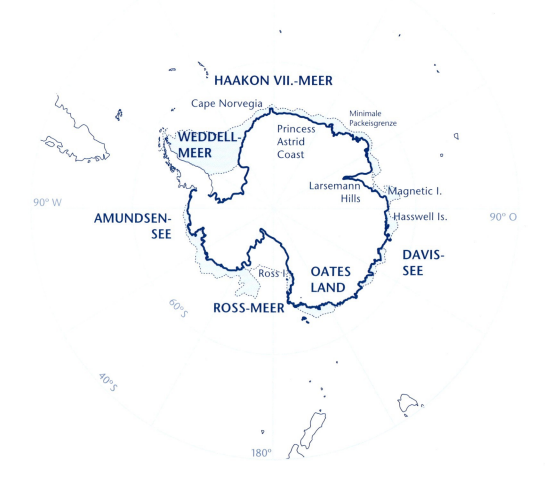

Der antarktische Sommer ist kurz – für die wenigen anwesenden Tierarten aber sehr intensiv. Sie leben meist in biologischen Nischen, und jede Art nützt die kurze Zeit anders für sich aus. Für Adéliepinguine und viele Seevögel heisst dies: Mitte Oktober einen Brutplatz in der alten Kolonie ergattern, Partnersuche, Eiablage, Brüten und Grossziehen der Jungen in Rekordzeit. Adéliepinguine sind die Pinguinart mit der kürzesten Brutzeit. Ihre Jungen sind spätestens nach 6 Wochen selbständig, und die erwachsenen Tiere kehren nach der Mauser Ende Februar wieder ins offene Meer zurück. Im Gegensatz dazu haben Robben einen fast 12-monatigen Gebärzyklus. Die Weibchen bringen kurz nach der Ankunft am Strand oder auf den Eisschollen ihre Jungen zur Welt und sind nach wenigen Tagen bereits wieder paarungsbereit. Die Jungen werden, je nach Robbenart, einige Tage bis mehrere Wochen gesäugt. Viele Walarten kommen dagegen ausschliesslich zum Fressen in die Antarktis. Den Winter verbringen sie in wärmeren Gewässern, wo sie auch ihre Jungen zur Welt bringen.
Eigentlicher Motor der gesamten biologischen Aktivitäten ist das pflanzliche Plankton. Bei 24-stündiger Sonnenscheindauer breitet es sich geradezu explosionsartig aus. Tierisches Plankton wie Ruderfusskrebse, aber auch antarktischer Krill finden so genügend Futter. Diese Kleinstlebewesen wiederum stellen die wichtigste Stufe im antarktischen Nahrungskreislauf dar und dienen den Sommergästen als Nahrung. Grosse Bartenwale fressen täglich mehrere Tonnen davon; Krabbenfresser-Robben, Adéliepinguine, Kalmare und kleine Fische sind bescheidener, stehen dafür ihrerseits auf dem Speiseplan grösserer Meeresraubtiere wie Seeleoparden oder Schwertwale.

114

118

124

ANTARCTICA – im Winter

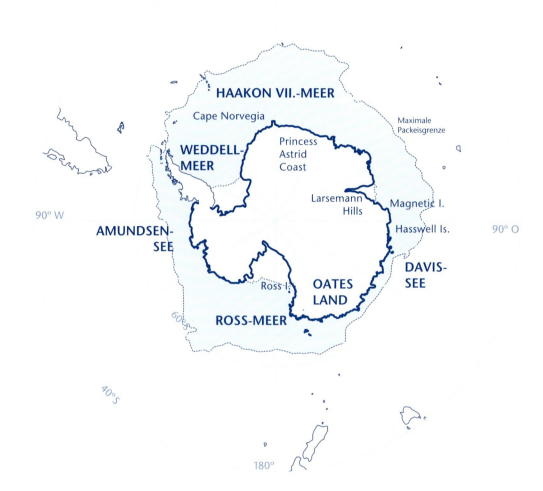

Die Tage werden kürzer; bis Ende März schliesslich der lange antarktische Winter beginnt. Die Sonne bleibt hinter dem Horizont, die Temperaturen sinken und rund um den Kontinent bildet sich frisches Meereis. Die meisten Tiere sind bereits in wärmere Gewässer oder wenigstens an den Rand des winterlichen Packeises gewandert.

Nur in einigen Buchten entlang der antarktischen Küste macht sich hektische Betriebsamkeit bemerkbar. Die Kaiserpinguine paaren sich. Sie werden den Winter hier verbringen und dabei noch ein Ei ausbrüten und ihr Junges grossziehen. Was wie ein Fehler der Evolution erscheint, ist in Tat und Wahrheit die perfekte Anpassung an einen der schwierigsten Lebensräume.

Würden Kaiserpinguine, wie andere Pinguinarten auch, im Oktober mit Brüten beginnen, wären sie mit diversen Problemen konfrontiert. Brutplätze sind knapp und an Land wie auch im Wasser lauern verschiedene Fressfeinde. Ferner sind Kaiserpinguine mit 1,2 m die grösste Pinguinart und dementsprechend lange ist die Brutzeit. Bis die Jungen selbständig sind, vergehen 5 bis 6 Monate. In dieser Zeit werden sie immer öfter gefüttert. Mit Ausdehnung der Packeisgrenze müssten die Alttiere mehr und mehr Futter über immer grössere Distanzen bringen. Zu guter Letzt wären die Jungen im Juli plötzlich auf sich selbst gestellt. Mitten im antarktischen Winter, bei Temperaturen von minus 50° C und einem 100 bis 200 km breiten Packeisgürtel. Monatelang in Dunkelheit und Kälte ein Ei auszubrüten und ein Küken grosszuziehen, ist kein leichter Weg. Für die Kaiserpinguine hat er sich aber bewährt. Und am Ende der Brutzeit können die Tiere in ein von Futter wimmelndes Meer eintauchen.

134

147

148

152

158

ANTARKTISCHES PARADIES

Die Kaiserpinguine überlassen ihr Reich wieder den Sommergästen.
Auch Bruno P. Zehnder war in der Antarktis nur Gast auf Zeit. Mit seinen Bildern wollte er den Menschen die Schönheit dieses Kontinents näher bringen. Gleichzeitig war es ihm wichtig, dass sich die Leute für die Zukunft der Antarktis engagieren.
Kurzfristig werden klimatische Veränderungen kaum zu gravierenden Veränderungen in der Antarktis führen und die direkten Einflüsse durch den Menschen sind strikte reglementiert. So verbieten die 1991 erlassenen Zusatzprotokolle zum Antarktisvertrag jeglichen Abbau von Rohstoffen, nukleare Tätigkeiten oder die Anwesenheit von Militär, ausser zur logistischen Unterstützung. Geltungsbereich sind sämtliche Landmassen, Gletscher und Schelfeisflächen südlich des 60. Breitengrades. Selbst die Forschungsarbeiten innerhalb dieses Gebietes unterliegen strengen Auflagen.
50 Jahre nach dem Internationalen Geophysikalischen Jahr und zum vierten Mal in den vergangenen 125 Jahren wird die Wissenschaft ihre Interessen und Forschungstätigkeiten auf die beiden Polarzonen fokussieren. Das Internationale Polarjahr 2007/08 soll neue Erkenntnisse und Zusammenhänge aufdecken, aber auch eine neue Generation von Polarforschern inspirieren, sich intensiv mit diesen einzigartigen Regionen auseinander zu setzen. Im Jahre 2041 werden schliesslich Politiker darüber entscheiden müssen, ob die auf 50 Jahre beschränkte Laufzeit der Antarktisverträge verlängert wird. Sie werden ihren Entscheid auf wissenschaftliche Berater stützen. Mit diesem Buch und den Bildern von Bruno P. Zehnder verbindet sich die Hoffnung, dass sie auch um die Schönheit dieses Kontinents wissen.

KURZBIOGRAFIE BRUNO P. ZEHNDER

Chronologischer Text zu Leben und Werk von Bruno P. Zehnder. Erwähnung finden die wichtigsten Ereignisse und die grössten Erfolge.

1945   8. September / Bruno Josef Zehnder kommt in Bad Ragaz als jüngstes von sechs Kindern zur Welt. Sein Vater war Kaufmann und hatte eine Fabrik für Ski-Spanner. Seine Mutter führte ein Porzellan- und Haushaltwarengeschäft.
Seine Kindheit und die Schulzeit in Bad Ragaz sind geprägt von traditionellen christlichen Werten (Bild unten – mit dem Austragen von Brot verdient er sich sein Taschengeld).

1961   Bruno J. Zehnder beginnt in Wädenswil eine kaufmännische Lehre.

1965   Er absolviert die Rekrutenschule.

1966   Bruno J. Zehnder reist für einen einjährigen Sprachaufenthalt nach London.

1968   Er zieht nach Paris und absolviert ein Praktikum bei Morgan Guaranty Trust.

1968   Bei den Studentenunruhen im Mai in Paris gerät er in eine Auseinandersetzung mit der CRS (Compagnie Républicaine de Sécurité) und beschliesst, Paris zu verlassen.

1968   26. Juni / Von Bad Ragaz aus reist er via Türkei, Iran, Afghanistan und Pakistan nach Indien (Bild Seite 181, linke Spalte).

1969   Reise durch Thailand, Vietnam, Laos, Kambodscha, China und Hongkong.

1970   November / Erster Aufenthalt von Bruno J. Zehnder in Japan. Er arbeitet unter anderem als Dressman.

1971   Nach einem Jahr verlässt er Japan in Richtung Südamerika.

1972   Februar / Bruno J. Zehnder besucht den Karneval von Rio und begibt sich anschliessend auf eine ausgedehnte Reise durch ganz Südamerika.

1973   Rückkehr nach Japan. Bruno J. Zehnder arbeitet für eine Sprachschule. Er unterrichtet Deutsch und Englisch und gibt spezielle Lektionen zum interkulturellen Austausch.

1975   31. Januar / Nach einem Aufenthalt in der Heimat verlässt er Bad Ragaz und reist via Wien, Warschau und Moskau nach Japan, wo er am 20. Februar im Hafen von Yokohama eintrifft.

1975   Er arbeitet als Steward auf der «Nella Dan», einem dänischen Schiff, das seit 1962 von der australischen Regierung gechartert ist und als Forschungs- und Transportschiff eingesetzt wird.

1975   20. November / Das Schiff erreicht Macquarie Island. Bruno J. Zehnder schreibt später: «Das erste, was ich von der Antarktis sah, war eine Halde mit Abfall von der Forschungsstation. Und zur Begrüssung das Geschrei aus Tausenden von Pinguinkehlen. Ein fast religiöses Erlebnis.» Endlich hatte er seine Bestimmung gefunden.

1976   Ein erster Bericht mit seinen Bildern erscheint im «Maimichi Graphics» (grösstes japanisches Grafik-Magazin). In den folgenden Jahren bringen 44 Magazine seine Bilder und seine Ausstellung wird in ganz Japan gezeigt.

1978   Die amerikanische Küstenwache USCG (United States Coast Guard) verleiht Bruno J. Zehnder die «Antarctic Service Medal» für seine Verdienste um die Antarktis.

1979   Oktober / Umzug nach New York.

1980   Januar / Ausstellung im Nikon House, New York.

1980   11. November / Bruno J. Zehnder reist an Bord der MS «Lindblad Explorer» in die Antarktis.

1981   6. Juni / Bis 18. August ist er mit der amerikanischen Küstenwache USCG in der Arktis (Grönland) unterwegs.

1984	11. November / Im Auftrag des Schweizerischen Katastrophenhilfskorps erstellt Bruno J. Zehnder eine Fotodokumentation über Mauretanien. Er reist mit Hanspeter Gschwend, der den entsprechenden Bericht verfasst.
1985	17. Januar / Hochzeit mit Heather May. Die Trauung erfolgt auf der argentinischen Forschungsstation *Esperanza* bei Hope Bay (Antarktische Halbinsel) und bringt ihnen einen Eintrag ins Guinness-Buch der Rekorde als «kälteste Hochzeit».
1986	20. November / Bruno J. Zehnder ist bis 27. Februar 1987 an Bord der «Polar Sea» als Teilnehmer der Expedition «Deep Freeze» der amerikanischen Küstenwache USCG.
1987	5. Juni / Er erhält von den Vereinten Nationen für seinen Einsatz zum Schutz der Antarktis eine Auszeichnung und wird aufgenommen in die «Global 500 Roll of Honour for Environmental Achievement».
1987	27. Juli / Flug von New York nach Zürich und dann weiter via Bangkok nach Hanoi, Vietnam, für eine Bildreportage über Vietnam nach dem Krieg.
1988	Das Museum of Modern Art, New York, kauft zwei seiner Bilder.
1988	VISA Card entschliesst sich, eine Fotografie von Bruno J. Zehnder anzukaufen. Für die kommenden drei Jahre ziert ein Pinguinpaar die amerikanischen Kreditkarten.
1988	6. Dezember / (Bilder Seite 179 und 181 rechts) Bruno J. Zehnder besteigt in Montevideo, Uruguay, den sowjetischen Eisbrecher «Akademik Fedorov». Er ist offizieller Fotograf der sowjetischen Antarktisexpedition «SAE-34» und einziges Mitglied aus einem nicht kommunistischen Land. Im Verlaufe der Expedition wird auch die Inlandstation *Vostok* besucht.
1989	28. März / In Neuseeland endet die 4½-monatige Versorgungsfahrt, die ihn zu allen 13 sowjetischen Antarktisstationen führte.

1983	9. Februar / Bruno J. Zehnder ist bis 20. März mit der US-Küstenwache auf dem Eisbrecher «Polar Sea» in der Arktis.

1990	15. Januar / Der fotojournalistische Durchbruch gelingt Bruno J. Zehnder, als das «US Time Magazin» beschliesst, eines seiner Bilder für die Titelseite zu verwenden.
1990	28. November / Natural History Museum, London. Sir David Attenborough überreicht ihm die Urkunde zum «BBC Wildlife Photographer of the Year».
1991	4. Oktober / (Bild unten) Im Palacio di Santa Cruz, Madrid, werden die Zusatzprotokolle zum Antarktisvertrag unterzeichnet. Die grossformatigen Bilder von Bruno J. Zehnder geben den Politikern einen Eindruck von der Schönheit der Antarktis.
1991	Aufgrund seiner grossen inneren Verbundenheit mit den Pinguinen verwendet er seit Beginn der 90er-Jahre «Pinguin» als zweiten Vornamen und nennt sich Bruno *Pinguin* Zehnder.
1992	6. Januar / Ausstellung in den Räumen der Royal Geographic Society, London. Er wird zum «fellow» der Royal Geographic Society ernannt.
1993	15. September / Bis zum 13. März 1994 werden in einer viel beachteten Sonderausstellung im Zoo Zürich die grossformatigen Bilder von Bruno P. Zehnder gezeigt.
1994	15. März / Bruno P. Zehnder verlässt Kapstadt an Bord der «Akademik Fedorov». Er nimmt an der russischen Antarktisexpedition «RAE-39» teil, einer 11 Monate dauernden Überwinterung auf der Antarktis-Station *Mirny*. Sein Ziel ist die Dokumentation des Lebenszyklus der Kaiserpinguine. Gleichzeitig kann er mit seinem persönlichen Einsatz und Beispiel die Stationsleitung dafür gewinnen, einen Brutplatz von Adéliepinguinen von Müll zu reinigen. Insgesamt werden Ende Saison 20 Tonnen Altlasten zur umweltgerechten Entsorgung zurückgeführt (Bild rechts).
1995	19. Februar / Die «RAE-39» ist beendet. Er verlässt die Antarktis an Bord der «Akademik Fedorov».

1995	9. April / Nach 14 Monaten kehrt er zum ersten Mal nach New York zurück. Die ersten Wochen verbringt er hauptsächlich damit, die Resultate seiner fotografischen Arbeit auszuwerten.
1996	28. August / Der TCS St. Gallen lädt ins Naturmuseum St. Gallen zu einem Vortrag von Bruno P. Zehnder. Es erscheinen fast 600 Personen und der Anlass muss verlegt werden.
1996	Im März wird er für sein Bild «Frozen Beak» von der US National Press Photographers Association mit dem Preis «Picture of the Year 1995» in der Kategorie Naturwissenschaft ausgezeichnet. Das Bild zeigt einen erwachsenen Kaiserpinguin, der sein Junges, trotz dessen zugefrorenen Schnabels und bei minus 35° C, vergeblich versucht zu füttern.
1996	In Zusammenarbeit mit dem Eidenbenz Kalenderverlag, St. Gallen, beginnen die Vorbereitungen für einen Pinguin-Kalender.
1997	Im Mai fliegt Bruno P. Zehnder von New York nach Kapstadt, wo die «Akademik Fedorov» vor Anker liegt.
1997	16. Mai / Die «Akademik Fedorov» legt ab in Richtung Antarktis, wo sie am 11. Juni bei der russischen Forschungsstation *Mirny* eintrifft.
1997	18. Juni / Letzte Postkartengrüsse an René Hollenstein, Eidenbenz Kalenderverlag, St.Gallen, versehen mit Kommentaren für den Pinguin-Kalender 1998.
1997	7. Juli / Bruno P. Zehnder verlässt die Station, um bei der 3 km entfernten Pinguinkolonie zu fotografieren. Nach einigen Stunden erhält er über Funk eine Sturmwarnung und macht sich wieder auf den Rückweg. Von der Heftigkeit des Sturmes überrascht, verpasst er den Zugang zur Forschungsstation knapp und verirrt sich trotz Funkunterstützung in der Dunkelheit des tobenden Eiswindes. Die eingeleitete Suchaktion verläuft ergebnislos und Bruno P. Zehnder wird von den Suchtrupps erst 42 Stunden später erfroren aufgefunden.

†

1997 Die Letzte Ruhestätte von Bruno P. Zehnder ist auf Buromski Island, einer kleinen Felseninsel in der Bucht vor *Mirny* (Bild unten linke Spalte und Bild rechts). Seit 1960 werden alle russischen Expeditionsmitglieder, die in der Antarktis umkommen, auf dieser Friedhofsinsel beigesetzt.

1997 8. August / In der katholischen Kirche von Bad Ragaz findet ein Gedenkgottesdienst statt.

1997 6. September/ Ein zweiter Gedenkgottesdienst wird in der Saint Vincent Ferrer Church in New York abgehalten.

1997 8. September / Posthum wird Bruno P. Zehnder der «Award for Excellence» der United Nations Society of Writers and Artists verliehen.

1998 1. Januar / Der Kalender «Bruno Zehnder's Pinguine» des Eidenbenz Kalenderverlages, St. Gallen erscheint zum ersten Mal.

1998 November / Bruno P. Zehnder wird posthum mit dem Spezialpreis der American Society of Media Photographers ausgezeichnet.

2001 27. Februar / Vorpremiere des DOK-Filmes «Der Pinguin-Mann», welchen Urs Schnell für das Schweizer Fernsehen DRS gedreht hat.

2002 22. Februar / Eröffnung des Ausstellungsprojektes «UNTER PINGUINEN» mit den Fotografien von Bruno P. Zehnder. Das Projekt wurde von Charlotte Schneider und Charly Hochstrasser geplant, erstellt und durchgeführt. Auf Grund des riesigen Erfolges und von Nachfragen von anderen Museen wurde das Konzept zur Wanderausstellung erweitert.

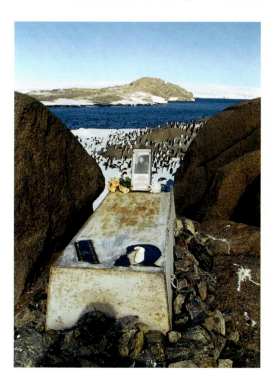

2002 20. September / Beginn der Ausstellung im Naturmuseum St. Gallen.

2003 30. August / (Bild linke Spalte, rechts) In Bad Ragaz wird ein Denkmal zu Ehren von Bruno P. Zehnder eingeweiht. Der 5,5-Tonnen-Granit stammt aus der Antarktis. Auf der Vorderseite sind zwei erwachsene Pinguine mit ihren Küken eingemeisselt. Die drei Bronzetafeln enthalten je eine Widmung von Hanspeter Gschwend, Redaktor bei Radio DRS (deutsch), Malcolm W. Browne, Wissenschaftsredaktor, New Nork Times (englisch) und Victor Pomelov, Antarktisforscher (russisch).

2004 20. Februar / «UNTER PINGUINEN» wird im Caves de Courten, Sierre, durchgeführt und wird zur meistbesuchten Ausstellung seit Bestehen dieses Fotomuseums.

2004 29. September / Im Naturhistorischen Museum Basel findet die bislang grösste Durchführung von «UNTER PINGUINEN» statt. Zusätzlich zu den Bildern von Bruno P. Zehnder werden ein zoologischer und ein geschichtlicher Teil eingerichtet und mit vielen spannenden Exponaten ergänzt.

2006 10. November / Gleichzeitig mit der Ausstellungseröffnung im Natur-Museum Luzern ist die offizielle Premiere dieses Buches.

DIE WICHTIGSTEN SÜDPOLAREN TIERARTEN

PELZROBBEN
Südamerikanische Pelzrobbe*	*Arctocephalus australis*	S. Amerika und Falkland
Australische Pelzrobbe	*Arctocephalus doriferus*	Australien
Neuseeländische Pelzrobbe	*Arctocephalus forsteri*	Australien und Neuseeland
Kerguelen-Pelzrobbe*	*Arctocephalus gazella*	südliche Subantarktis
Südafrikanische Pelzrobbe	*Arctocephalus pusillus*	S. Afrika
Subantarktische Pelzrobbe*	*Arctocephalus tropicalis*	nördliche Subantarktis

SEELÖWEN
Australischer Seelöwe	*Neophoca cinerea*	Australien
Mähnenrobbe*	*Otaria flavescens*	S. Amerika und Falkland
Neuseeländischer Seelöwe	*Phocarctos hookeri*	Neuseeland

HUNDSROBBEN
Seeleopard*	*Hydrurga leptonyx*	Antarktis und tw. Subantarktis
Weddellrobbe*	*Leptonychotes weddellii*	Antarktis und tw. Subantarktis
Krabbenfresser-Robbe*	*Lobodon carcinophaga*	Antarktis und tw. Subantarktis
Südlicher See-Elefant*	*Mirounga leonina*	Subantarktis
Rossrobbe	*Ommatophoca rossii*	Antarktis

VERSCHIEDENE VOGELARTEN
Braune (Subantarktische) Skua*	*Catharacta skua antarctica*	Subantarktis
Antarktische Skua*	*Catharacta skua maccormicki*	Antarktis
Weissgesicht-Scheidenschnabel*	*Chionis alba*	Falkland bis Ant. Halbinsel
Schwarzgesicht-Scheidenschnabel	*Chionis minor*	Subantarktis
Kapsturmvogel*	*Daption capense*	Antarktis und Subantarktis
Königsalbatros	*Diomedea epomophora*	S. Amerika, Australien & NZ
Wanderalbatros*	*Diomedea exulans exulans*	Subantarktis
Schwarzbrauen-Albatros	*Diomedea melanophrys*	gesamter antarktischer Raum
Dominikanermöve	*Larus dominicanus*	gesamter antarktischer Raum
Südlicher (Riesen-)Sturmvogel	*Macronectes giganteus*	Antarktis und Subantarktis
Nördlicher (Hall-)Sturmvogel	*Macronectes halli*	Subantarktis
Ant. (Gabelschwanz-)Seeschwalbe*	*Sterna vittata*	Subantarktis
(Arktische) Küstenseeschwalbe	*Sterna paradisaea*	Brutplätze in der Arktis

ZAHNWALE
Grindwal	*Globicephala melas*	Subantarktis
Stundenglas-Delphin	*Lagenorhynchus cruciger*	gesamter antarktischer Raum
Schwarzdelphin	*Lagenorhynchus obscurus*	Subantarktis
Orca (Schwertwal)*	*Orcinus orca*	gesamter antarktischer Raum
Pottwal	*Physeter macrocephalus*	gesamter antarktischer Raum

BARTENWALE
Südlicher Zwergwal*	*Balaenoptera bonaerensis*	gesamter antarktischer Raum
Seiwal	*Balaenoptera borealis*	Subantarktis
Blauwal	*Balaenoptera musculus*	gesamter antarktischer Raum
Finnwal	*Balaenoptera physalus*	gesamter antarktischer Raum
Südlicher Glattwal	*Eubalaena australis*	Subantarktis
Buckelwal	*Megaptera novaeangliae*	gesamter antarktischer Raum

VERZEICHNIS ALLER PINGUINARTEN

GROSSPINGUINE
Kaiserpinguin*	*Aptenodytes forsteri*	Antarktisküste
Königspinguin*	*Aptenodytes patagonicus*	Falkland & Subantarktis

LANGSCHWANZPINGUINE
Adéliepinguin*	*Pygoscelis adeliae*	Antarktisküste & Ant. Halbinsel
Zügelpinguin*	*Pygoscelis antarctica*	Ant. Halbinsel & Subantarktis
Eselspinguin*	*Pygoscelis papua*	Ant. Halbinsel & Subantarktis

BRILLENPINGUINE
Brillenpinguin*	*Spheniscus demersus*	S. Afrika
Humboldtpinguin	*Spheniscus humboldti*	S. Amerika (Westküste)
Magellanpinguin*	*Spheniscus magellanicus*	S. Amerika & Falkland
Galápagospinguin	*Spheniscus mendiculus*	nur auf Galápagos Is.

SCHOPFPINGUINE
Felsenpinguin*	*Eudyptes chrysocome*	S. Amerika, Falkland & Subantarktis
Nördlicher Felsenpinguin*	*Eudyptes chrysocome moseleyi*	nördliche Subantarktis
Goldschopfpinguin*	*Eudyptes chrysolophus*	S. Amerika & Subantarktis
Dickschnabelpinguin	*Eudyptes pachyrhynchus*	NZ (Südwestküste) & Stewart I.
Snares-Dickschnabelpinguin	*Eudyptes robustus*	nur auf Snares Is.
Haubenpinguin*	*Eudyptes schlegeli*	nur auf Macquarie I.
Kronenpinguin	*Eudyptes sclateri*	Bounty Is. und Antipoden Is.

ZWERGPINGUINE
Zwergpinguin*	*Eudyptula minor*	AUS, NZ und Chatham Is.
Weissflügel-Zwergpinguin	*Eudyptula minor albosignata*	nur NZ (Ostküste)

GELBAUGENPINGUINE
Gelbaugenpinguin*	*Megadyptes antipodes*	NZ (Südküste), Stewart I., Auckland Is. & Campbell I.

Speziell bei den Vogelarten sind einer Aufzählung Grenzen gesetzt. Es gibt Hunderte von Arten mit unzähligen Unterarten. Auch bei den verschiedenen Wal- und Delphinarten muss die Aufzählung begrenzt werden.

Es sind hauptsächlich die in diesem Buch abgebildeten Tiere (mit einem * gekennzeichnet), ihre nächsten Verwandten und häufig vorkommende Tierarten aufgeführt.

Die Angaben zum Verbreitungsgebiet beziehen sich in der Regel auf die Brutplätze und Paarungsgebiete. In vielen Fällen sind die Aufenthaltsorte außerhalb dieser Zeit nicht oder nur ungefähr bekannt.

SÜDLICHES AMERIKA

11	FALKLAND, Carcass I.	Magellanpinguin mit Jungem – vor der Bruthöhle Zum Schutz vor der Hitze graben die *Spheniscus*-Arten Bruthöhlen in den sandigen Boden oder in dicken Guano.
12	FALKLAND, Sea Lion Is.	Magellanpinguin Um die Hitze besser zu ertragen, haben alle *Spheniscus*-Arten eine viel dünnere Fettschicht und ein weniger dichtes Federkleid mit rosafarbigen, federlosen Stellen im Gesicht.
13	FALKLAND, Carcass I.	Eselspinguine
14	FALKLAND, Volunteer Point	Königspinguin Auf den Falkland-Inseln leben nebst 2500 Einwohnern auch 712 000 Schafe.
15	FALKLAND, Volunteer Point	Königspinguine – während der Balz
16	FALKLAND, Carcass I.	Magellanpinguine – durch die Brandung ins Meer
17	CHILE, Punta Arenas	Magellanpinguine
18/19	FALKLAND, Sea Lion Is.	Eselspinguine – in der Abenddämmerung
20	FALKLAND, Sea Lion Is.	Seelöwin (Mähnenrobbe) mit zwei Jungen Ein Seelöwenweibchen hat nur in den seltensten Fällen zwei Junge. Aber während einige Weibchen jagen, sammeln sich oft mehrere Jungtiere in Spielgruppen um eines der noch anwesenden Weibchen.
21	ARGENTINIEN, Peninsula Valdés	Südamerikanische Seelöwenkolonie
22	FALKLAND, Carcass I.	Magellanpinguine
23	FALKLAND, Volunteer Point	Magellanpinguin – vor seiner Bruthöhle Die Gänge zur Bruthöhle verlaufen flach unter der Oberfläche und können 2 bis 3 m lang sein.
24	CHILE, Punta Arenas	Magellanpinguin mit Jungen – in der Bruthöhle Meistens werden zwei Eier gelegt, die Brutzeit beträgt 39 bis 42 Tage.
25	FALKLAND, Sea Lion Is.	Felsenpinguine Die Nistplätze der Felsenpinguine können mehrere hundert Meter vom Strand entfernt sein oder in steilen Klippen bis 100 m über dem Meer liegen.
26	FALKLAND, Sea Lion Is.	Felsenpinguine
27	FALKLAND, Sea Lion Is.	Felsenpinguin – mit Steinchen für den Nestbau Einige Pinguinarten verwenden mangels anderer Nistmaterialien kleine Steinchen für den Nestbau. Dies hat den Vorteil, dass Regenwasser besser ablaufen kann und die Küken nicht in feuchten Nestern sitzen müssen. Da passende Steinchen rar sind, können die Pinguine regelmässig dabei beobachtet werden, wie sie bei einem unbewachten Nest Steinchen stehlen – in dem Augenblick aber vielleicht selber auch gerade bestohlen werden.
28/29	FALKLAND, Grave Cove	Eselspinguine – bei der Rückkehr von der Nahrungssuche Die Hauptnahrung der Eselspinguine ist Krill, in einigen Regionen auch Fisch.
30	FALKLAND, New I.	Felsenpinguine – mitten im Kelp (Seetang)
31	CHILE, Punta Arenas	Magellanpinguine

SÜDLICHES AFRIKA

33	CROZET, Possession I.	Königspinguine – bei der Balz
34	ST. PAUL	Felsenpinguine Zur Bewältigung steiler Klippen hüpfen die Felsenpinguine mit beiden Beinen gleichzeitig, was ihnen den treffenden englischen Namen «Rockhopper Penguins» eintrug.
35	CROZET, Possession I.	Königspinguine – während der Mauser Wasser hilft, die alten, mittlerweile lästigen Federn loszuwerden.
36/37	CROZET, Possession I.	Königspinguine
38	SÜDAFRIKA, Kapstadt	Brillenpinguin – im Schatten der Felsen Die drei *Spheniscus*-Arten im südlichen Amerika gleichen den Brillenpinguinen stark. Es besteht aber keine Verwechslungsgefahr, da Brillenpinguine nur in Afrika vorkommen und somit keine gemeinsamen Brutgebiete existieren.
39	SÜDAFRIKA, Kapstadt	Brillenpinguine
40	AMSTERDAM	Junge Subantarktische Pelzrobbe
41	CROZET, Possession I.	Wanderalbatrospaar – bei der gegenseitigen Gefiederpflege Man unterscheidet zwei Grossalbatrosarten, zu denen der Wanderalbatros gehört, sowie mittlere und kleine Albatrosarten. Bei allen Arten existieren verschiedene Unterarten, die sich in Aussehen und Verbreitung unterscheiden. Alle sind hervorragende Segelflieger, und mit über 3 m Flügelspannweite sind Wanderalbatrosse die grössten flugfähigen Vögel. Sie können über 60 Jahre alt werden. Jungvögel kehren erst nach 3 bis 8 Jahren zu den Brutplätzen zurück. Bis sie einen geeigneten Partner gefunden haben, dauert es dann nochmals mehrere Jahre, so dass sie frühestens mit 12 Jahren das erste Mal brüten. Ihrem Partner bleiben sie dafür ein Leben lang treu.

42	CROZET, Possession I.	Königspinguine
43	CROZET, Possession I.	Königspinguine
44	CROZET, Possession I.	Orca (Schwertwal) – bei der Jagd

Orcas sind herausragende Jäger. Ihr Beutespektrum reicht von Fischen, Robben und Pinguinen bis zu Jungtieren anderer Walarten. Teils jagen sie in Gruppen und koordinieren dabei ihr Verhalten. Sie schrecken auch nicht vor seichten Buchten zurück, und manchmal lassen sie sich mit der Brandung förmlich an den Strand spülen, um eine Robbe zu fangen. Der landläufig verwendete Name «Killerwal» wird diesem geschickten Jäger nicht gerecht.

45	CROZET, Possession I.	Braune (Subantarktische) Skua

Skuas gehören in die Familie der Raubmöwen und sind im gesamten südpolaren Bereich verbreitet. Sie brüten zwar abseits, halten sich aber oft in den Pinguinkolonien auf und stehlen Eier oder greifen Jungvögel und kranke Tiere an.

46	CROZET, Possession I.	Königspinguine

Die Verletzung kann vom Angriff eines Orcas, aber auch von einem Unfall in der Brandung zwischen den Klippen stammen.

47	CROZET, Possession I.	Königspinguine – Forscher bei der Feldarbeit in einer Kolonie
48/49	CROZET, Possession I.	Königspinguine – Brutkolonie

Königspinguine bauen keine Nester. Sie tragen ein einzelnes Ei auf den Füssen unter der Brutfalte. Trotzdem haben die Tiere ihren festen Brutplatz – immer mit genügend Abstand zum Nachbarn.

50	ST. PAUL	Felsenpinguine

Bei den Felsenpinguinen auf St.Paul handelt es sich um die Variante des Nördlichen Felsenpinguins *(Eudyptes chrysocome moseleyi)*. Deutlich erkennbar an den überlangen gelben Federbüscheln.

51	ST. PAUL	Felsenpinguine

AUSTRALIEN UND NEUSEELAND

53	HEARD	Eselspinguin – beim Brüten

Beide Elternteile wechseln sich beim Brüten wie auch beim Füttern ab, weshalb beide Küken gute Überlebenschancen haben. Die Brutplätze der Eselspinguine können mehrere Kilometer von der Küste entfernt und bis in 200 m Höhe liegen.

54	MACQUARIE, Bauer Bay	Haubenpinguine – bei der gegenseitigen Gefiederpflege

Die gegenseitige Pflege unzugänglicher Stellen an Hals und Kopf ist wichtig und stärkt die sozialen Bindungen.

55	MACQUARIE, North Head	Königspinguine – bei der Balz

Die Stimme ist bei Pinguinen zentral für die Wiedererkennung ihres Partners und der Jungen. Teil des Balzverhaltens ist das Strecken des Halses und «Singen» des einen Pinguins, während der Partner zuhört.

56	MACQUARIE	Haubenpinguine – bei der Rückkehr von der Jagd

Haubenpinguine haben ein breites Nahrungsspektrum; dazu gehören Fische, Kalmare und Krill.

57	MACQUARIE, North Head	Königspinguine
58/59	MACQUARIE	Königspinguine und See-Elefant
60	HEARD	Kerguelen-Pelzrobbe

Die Insel liegt bereits im klimatischen Einzugsgebiet der Antarktis. 70% der Insel sind vergletschert, und nur wenige Stellen bieten den Tieren Brutmöglichkeiten.

61	MACQUARIE	Königspinguine und junger See-Elefant

Den ausgewachsenen See-Elefanten (im Hintergrund) ist mit mehr Respekt zu begegnen, sind die Weibchen doch 400 bis 800 Kilo und die Bullen oft über 3 Tonnen schwer bei 4,5 bis 6,5 m Körperlänge.

62	AUSTRALIEN, Phillip I.	Zwergpinguin – in einer gebauten Bruthöhle

Die Zwergpinguine auf Phillip Island sind streng geschützt, und ihnen stehen teilweise von Naturschutzvereinigungen gebaute Brutgelegenheiten zur Verfügung. Die verschiedenen Schutzmassnahmen haben zu einer erfreulichen Entwicklung der Zwergpinguinbestände geführt.

63	NEUSEELAND, Otago Peninsula	Gelbaugenpinguin – bei der Rückkehr zum Brutplatz

Die Nistplätze der Gelbaugenpinguine befinden sich meistens gut versteckt im Unterholz oder im dichten, hohen Gras. Im Gegensatz zu anderen Pinguinarten bilden sie keine Kolonien, sondern ziehen sich paarweise zum Brüten zurück.

64	NEUSEELAND, Otago Peninsula	Gelbaugenpinguin

Die gelbe Augeniris und der gelbe Federstreifen über den Augen sind charakteristisch und namengebend für die Gelbaugenpinguine.

65	NEUSEELAND, Otago Peninsula	Gelbaugenpinguin

Die Gelbaugenpinguine brüten nur auf drei kleinen Inseln und einigen Stränden von Neuseeland. Es handelt sich um die seltenste Pinguinart, und mit rund 2000 Brutpaaren ist ihr Bestand trotz Schutzmassnahmen stark gefährdet.

66	MACQUARIE	Königspinguin und Braune (Subantarktische) Skua
67	MACQUARIE	Haubenpinguine

Bei den rostigen Behältern im Hintergrund handelt es sich um

		Überbleibsel aus der Zeit des Robbenfangs. In diesen Kesseln wurde der Blubber (die dicke Fettschicht) von See-Elefanten gekocht und zu Öl verarbeitet. Der Robbenfang auf Macquarie endete 1920.
68	HEARD	Braune (Subantarktische) Skuas Heard Island ist eine aktive Vulkaninsel. Im 20. Jahrhundert wurden vier Ausbrüche registriert, der letzte 1993. Neben dem 2745 m hohen Mawson Peak gibt es auch noch das 1250 m hohe «Little Matterhorn».
69	MACQUARIE, Bauer Bay	Haubenpinguine

ANTARKTISCHE HALBINSEL

71	DECEPTION	Zügelpinguine und Kerguelen-Pelzrobben
72	DECEPTION	Zügelpinguine Deception Island ist eine noch immer aktive Vulkaninsel. Der letzte Ausbruch war 1969 und zerstörte die Forschungsstation der Briten, die ein Jahr zuvor schon bei einem Ausbruch beschädigt wurde.
73	DECEPTION	Zügelpinguine
74	KING GEORG	Eselspinguin – in der Mauser Die Mauser beginnt erst, wenn die Brutzeit vorbei ist und die Jungvögel selbständig sind.
75	KING GEORG, Ardley I.	Eselspinguin – in der Mauser Ein deutliches Erkennungsmerkmal sind die weissen Flecken, die sich von den Augen hinter den Kopf ziehen.
76	DECEPTION	Zügelpinguine – bei der Rückkehr von der Jagd Zur hauptsächlichen Nahrung der Zügelpinguine gehört antarktischer Krill.
77	KING GEORG, Ardley I.	Eselspinguin – mit Seetang Wie alle Pinguinarten sind auch die Eselspinguine hervorragende Taucher und sehr schnelle Schwimmer.
78/79	ANT. HALBINSEL, Hope Bay	Eselspinguine Beim schnellen Schwimmen tauchen Pinguine ähnlich den Delphinen zum Atmen aus dem Wasser auf. Gleichzeitig erneuert sich das Luftpolster zwischen den Federn, welches unter Wasser für einen geringeren Widerstand und somit energiesparendere Fortbewegung sorgt.
80	KING GEORG	Goldschopfpinguin
81	KING GEORG, Ardley I.	Eselspinguin – auf flechtenüberzogenen Felsen Verschiedene Arten von Flechten und Moosen sind praktisch die einzigen Pflanzenarten, die im Bereich der Antarktischen Halbinsel wachsen.
82	KING GEORG, Ardley I.	Braune (Subantarktische) Skua
83	ANT. HALBINSEL, Hope Bay	Antarktische Skuas
84	SÜDGEORGIEN	Nachdem bereits seit 1788 Robbenfänger auf Südgeorgien waren, wurde 1904 in Grytviken eine grosse Walverarbeitungsanlage eröffnet, die noch bis 1965 in Betrieb war. Heute ist das Betreten der Anlage und der Schiffswracks im Hafen aufgrund des schlechten Zustandes verboten. Renoviert wurden einzig die Kirche und das Haus des Stationsleiters, in dem sich ein Museum befindet.
85	ANT. HALBINSEL, Hope Bay	Die Station *Esperanza* ist eine von rund einem Dutzend argentinischer Stationen und von insgesamt fast 40 Forschungsstationen oder Beobachtungsposten im Bereich der Antarktischen Halbinsel.
86	ANT. HALBINSEL, Hope Bay	Antarktische (Gabelschwanz-)Seeschwalbe Die Antarktische Seeschwalbe hält sich ganzjährig im Bereich der Subantarktis auf. Im Gegensatz zur eng verwandten Arktischen (Küsten-)Seeschwalbe, die im Sommer im hohen Norden brütet, den Winter dann aber in der Antarktis verbringt und somit jährlich über 40 000 Flugkilometer absolviert.
87	ANT. HALBINSEL	Weissgesicht-Scheidenschnabel
88	ANT. HALBINSEL	Adéliepinguin
89	ANT. HALBINSEL, Hope Bay	Adéliepinguine und Braune (Subantarktische) Skua Die Jungvögel sind bereits am Ende der Mauser.
90	ANT. HALBINSEL, Hope Bay	Adéliepinguine und Seeleopard Orcas und Seeleoparden sind die grössten Feinde der Pinguine. Sie treiben sie von Eisschollen ins Wasser oder lauern im Wasser an den Stellen, an denen Pinguine üblicherweise ins Meer müssen.
91	ANT. HALBINSEL, Hope Bay	Adéliepinguine

ANTARCTICA – Eis und Technik

In kursiver Schrift: Forschungsstation
In Klammern gesetzt: Name der nächstgelegenen Forschungsstation
Abkürzungen:
NA = nördliche Antarktisküste
OA = östliche Antarktisküste
SA = südliche Antarktisküste
WA = westliche Antarktisküste

93 SA – ROSS-MEER Tafeleisberg
Schelfeis, wie zum Beispiel das Ross Ice Shelf, sind riesige Eismassen, die direkt vom Kontinent aufs Meer hinaus fliessen. Über weite Strecken liegt das Eis auf dem Meeresboden auf. An der Kante brechen immer wieder Stücke ab, die dann als Tafeleisberge im Meer treiben.

94 NA – CAPE NORVEGIA Tafeleisberge – im winterlichen Packeis
In den ersten Jahren treiben die Tafeleisberge oft in unmittelbarer Nähe der Abbruchstelle, wo sie im Winter jeweils vom Packeis eingeschlossen werden.

95 OA – DAVIS-SEE Tafeleisberg – unter dem Vollmond
Tafeleisberge können mehrere Jahre in Küstennähe treiben, bevor sie endgültig von der Strömung erfasst werden und gegen Norden in wärmere Gewässer treiben, wo sie langsam schmelzen. Immer wieder schaffen es einzelne Tafeleisberge bis in Sichtweite von Neuseeland oder Südafrika.

96 OA – DAVIS-SEE (Mirny) Tafeleisberge – in der Bucht vor *Mirny*

97 OA – DAVIS-SEE Pilatus Porter
Nur wenige kleine Flugzeuge können trotz der schwierigen klimatischen Bedingungen in der Antarktis geflogen werden.

98 OA – DAVIS-SEE Russischer Eisbrecher – unterwegs durch Trümmereis

99 NA – WEDDELL-MEER Russischer Eisbrecher – an der Packeiskante
Die «Akademik Fedorov» wird an der Packeiskante entladen. Unter anderem werden die Einzelteile einer für den Transport zerlegten russischen Iljuschin 14 vor Ort wieder montiert. Nach drei Tagen Arbeit hebt das zweimotorige Frachtflugzeug problemlos ab.

100 SA – ROSS-MEER, Ross I. Alter Anker
Der Anker liegt in der Nähe der alten Shackleton-Hütte und ist ein Überbleibsel aus der Zeit der Antarktispioniere. Die Jahre von 1901 bis 1917 gelten als das «heroische Zeitalter», in welchem die ersten Versuche zur Erreichung des Südpols unternommen wurden. Roald Amundsen schaffte es am 14. Dezember 1911, sein Kontrahent Robert F. Scott einen Monat später, kam aber auf dem Rückweg um.

101 OA – DAVIS-SEE (Mirny) Abfallentsorgung – in der Nähe einer Forschungsstation
Jahrzehntelang war es üblich, den Abfall in die leeren Dieselfässer zu füllen und irgendwo hinter der Station zu lagern. Seit 1991 sind Verträge in Kraft, die diese Praxis verbieten. Auch viele alte Deponien sind seither aufgelöst worden.

102 OA – *Davis* Aurora Australis – südliches Polarlicht über *Davis*
Polarlichter sind atmosphärische Lichtspiele, die sowohl im Norden wie im Süden jenseits des 60. Breitengrades erscheinen. Es handelt sich dabei um elektrisch geladene Teilchen, welche von der Sonne her auf das Magnetfeld der Erde treffen. An den Polen prallen diese Teilchen nicht ab, sondern können teilweise bis in die oberen Atmosphärenschichten eindringen. Dort verursacht ihre Kollision mit Sauerstoff- und Stickstoffmolekülen verschiedenfarbige Lichtschleier.

103 OA – *Mirny* Forschungsstation – am Rand der Welt
Die russische Forschungsstation *Mirny* wurde 1956 eröffnet und ist die grösste und älteste Station Russlands. Die Gebäude stehen auf einem schmalen Felsband, das durch die Eisdecke ragt.

104 SA – *Leningradskaya* Heliograph – Schönheit im Dienst der Wissenschaft
Mit einem Heliographen wird die Sonnenscheindauer gemessen. Nur ein kleiner Aspekt der vielfältigen Forschungstätigkeiten in der Antarktis.

105 OA – PRYDZ BAY (*Davis*) Helikopter – unverzichtbares Transportmittel
Heutzutage haben die meisten Eisbrecher und Forschungsschiffe einen Helikopter zum Transport von Material und Mannschaft an Bord.

106/107 SA – ROSS-MEER Schelfeiskante
Das Ross Ice Shelf ist die grösste Schelfeisfläche der Welt und hat etwa die Grösse von Frankreich. Seine Abbruchkante ist bis 40 Meter hoch.

108 SA – ROSS-MEER, Ross Ice Shelf Schelfeiskante – mit frischem Meereis

109 SA – OATES LAND Eis und Schnee – in Form gebracht
Die vom Wind wellenartig geformten Schnee- und Eisformationen heissen Sastrugi und sind nur eine von Dutzenden von Erscheinungsformen.

ANTARCTICA – im Sommer

Minimale Packeisgrenze: sommerliche Packeisgrenze (Fläche von mind. 4 Mio. km^2)
Maximale Packeisgrenze: winterliche Packeisgrenze (Fläche von max. 21 Mio. km^2)

111	OA – DAVIS-SEE, Haswell Is.	Adéliepinguine
112	OA – DAVIS-SEE, Haswell Is.	Adéliepinguin mit zwei Jungen Meistens schaffen es Adéliepinguine, beide Eier erfolgreich auszubrüten und zwei Junge grosszuziehen.
113	OA – DAVIS-SEE, Haswell Is.	Adéliepinguine – unter Beobachtung einer Antarktischen Skua
114	OA – DAVIS-SEE, Haswell Is.	Adéliepinguine
115	OA – DAVIS-SEE, Haswell Is.	Adéliepinguine
116	Östliche Antarktis	Südlicher Zwergwal Zwergwale sind im gesamten Südpolarmeer verbreitet und bleiben auch im Winter im Bereich der Packeisgrenze. Sie gehören zur Familie der Bartenwale und erreichen eine Länge von rund 10 m.
117	WA – AMUNDSEN-SEE	Südlicher Zwergwal Die meisten Walarten lassen sich an der Form ihrer Fontäne (Blas) unterscheiden. Es handelt sich dabei nicht um Wasser, welches der Wal ausbläst, sondern um feuchte, warme Atemluft, die aufgrund des Temperaturunterschiedes sofort kondensiert.
118	OA – (Casey)	Kapsturmvogel Auf Grund der auffälligen fleckigen Färbung der Deckfedern wird der Kapsturmvogel auf Spanisch «Pintado» genannt.
119	OA – PRYDZ BAY, Magnetic I.	Adéliepinguinkolonie Die Brutgebiete der Adéliepinguine verteilen sich entlang der gesamten Antarktisküste.
120	SA – ROSS-MEER, Ross I.	Krabbenfresser-Robbe Entgegen ihrem Namen ernähren sich Krabbenfresser-Robben von Krill.
121	OA – PRYDZ BAY, Larsemann H.	Weddellrobbe Die vier antarktischen Hundsrobbenarten bleiben ganzjährig im Bereich der Antarktis. Ihr Leben – jagen, fressen, paaren – spielt sich unter und auf dem Packeis ab.
122	Südliche Antarktis	Orca (Schwertwal) – auf Nahrungssuche
123	SA – ROSS-MEER, Ross I.	Adéliepinguine und Seeleopard
124	OA – PRYDZ BAY, Larsemann H.	Adéliepinguine
125	OA – DAVIS-SEE, Haswell Is.	Adéliepinguine
126/127	Östliche Antarktis	Adéliepinguine
128	OA – DAVIS-SEE, Haswell Is.	Adéliepinguin – nach einem Schneesturm Auch im antarktischen Sommer müssen die Tiere immer mit einem Schneesturm oder mit starken Schneeverwehungen rechnen.
129	OA – DAVIS-SEE, Haswell Is.	Adéliepinguine – nach einem Schneesturm

ANTARCTICA – im Winter

Wo nicht anders vermerkt, wurden alle Bilder von Kaiserpinguinen zwischen den Haswell-Inseln in der Bucht vor der russischen Forschungsstation *Mirny* aufgenommen. Die Kaiserpinguine brüten dort auf dem Meereis.

131	Die ersten Kaiserpinguine machen sich Ende März auf den Weg vom offenen Meer zu den Brutplätzen.
132/133	Meistens sammeln sich die Kaiserpinguine am Rand des Packeises und ziehen dann in Gruppen zu den Brutplätzen.
134	Kaiserpinguine suchen jedes Jahr wieder die gleichen Buchten zum Brüten auf.
135	Wenn es sich ergibt, paaren sich Kaiserpinguine mit dem letztjährigen Partner – ist aber keine Bedingung.
136	Bei der Paarung.
137	Mai oder Juni, sechs Wochen nach der Paarung, legt das Weibchen ein einzelnes, ca. 10 cm grosses Ei und übergibt es zum Ausbrüten an das Männchen.
138	Geschwächt von der Eiablage verlassen die Weibchen die Brutplätze schon kurz danach und ziehen zum offenen Meer zur Nahrungssuche.
139	Es sind ausschliesslich die Männchen, die sich bei den Kaiserpinguinen ums Brüten kümmern. Die Brutdauer beträgt rund 62 bis 67 Tage.
140/141	Wenn die Windrichtung ändert, zieht die gesamte Kolonie wieder in den Windschatten eines Eisbergs.
142	Mit zunehmender Kälte stehen die Kaiserpinguine immer dichter zusammen, um sich gegenseitig zu wärmen.
143	Die Pinguine stehen mit dem Rücken zum Wind. Die ganze Gruppe scheint permanent in Bewegung zu sein. Immer diejenigen Tiere, welche zuäusserst sind, wandern aussen herum in den Windschatten und sind dann einige Zeit geschützt.
144	Die Kaiserpinguine kennen kein Territorialverhalten, weswegen es ihnen auch nichts ausmacht, dicht an dicht zu stehen.

145 In der Kolonie hat es immer auch Männchen, die keine Partnerin gefunden haben oder deren Ei verloren ging. Sie können sich zum besseren Schutz vor der Kälte auch problemlos hinlegen.

146 Antarktische Stürme bedeuten nicht unbedingt, dass es schneit. Vielmehr bläst der Wind, zum Teil mit Orkanstärke, die feinen Eiskristalle über den Boden. Es ist also möglich, dass in 20 m Höhe klare Sicht herrscht.

147 Die Tiere sammeln sich, sobald die Ausläufer des Sturms sie erreichen.

148 Die Weibchen haben sich wochenlang im offenen Meer vollgefressen und machen sich wieder auf den Rückweg zur Kolonie. Da das Packeis mittlerweile seine maximale Ausdehnung erreicht hat, kann die Distanz 100 bis 200 km betragen.

149 Trotz Kälte bietet die Antarktis auch mystische Momente.

150/151 Einer inneren Uhr folgend, sind die Weibchen spätestens einige Tage nach dem Schlüpfen des Jungen zurück.

152 Sollte das Weibchen noch nicht zurückgekehrt sein, so kann das Männchen sein frisch geschlüpftes Junges noch einige Tage mit einem öligen Sekret füttern, welches es hochwürgt. Das Männchen hat unterdessen aber fast die Hälfte von seinem Gewicht verloren und sollte das Weibchen nicht auftauchen, überlässt es das Küken der Kälte. Was hart tönt, macht Sinn, da sein Hungertod niemandem hilft und er ja auch noch über 100 km Weg vor sich hat.

153 Die ersten Wochen sind die Küken zum Schutz vor der Kälte die meiste Zeit auf den Füssen der Eltern.

154 Ob Männchen oder Weibchen ist unklar, da sich die Geschlechter kaum unterscheiden lassen.

155 Kaiserpinguine haben das dichteste Vogelfederkleid. Zusammen mit einer dicken Fettschicht ermöglicht es dem Pinguin, eine Körpertemperatur von 39° C aufrecht zuerhalten.

156 In den ersten sechs bis sieben Wochen sorgen beide Elternteile abwechselnd für ihr Junges.

157 Ab der siebten Woche benötigen die Jungen schon so viel Futter, dass beide Alttiere gleichzeitig weg sind. In dieser Zeit sammeln sich die Jungen in sogenannten Kindergärten.

158 Die Lebenserwartung eines Kaiserpinguins liegt bei über 20 Jahren. Da sie an Land keine und im Meer nur wenige Feinde haben, wird ihnen im Alter meist die Kälte zum Verhängnis.

159 Nur rund zwei Drittel der jungen Kaiserpinguine werden flügge und von diesen Tieren überleben nur 20% das erste Jahr im Meer. Ab dann erhöht sich ihre Überlebenschance aber auf fast 95%.

160 Wenn das Wetter es zulässt, verteilen sich die jungen Pinguine in der ganzen Kolonie.

161 Kaiserpinguinküken haben ein dichtes graues Daunenkleid und eine markante schwarzweisse Kopfzeichnung.

162 Die Küken werden zum Schutz vor der Kälte in die Mitte genommen.

163 Da beide Elternteile gleichzeitig weg sind, kommt es nur selten zu Familientreffen.

164 SA – ROSS-MEER, Cape Washington
Gegen Ende der Brutzeit sind die Jungen rund 10 bis 14 kg schwer. Grösse und Gewicht der Erwachsenen erreichen sie aber erst im Laufe des kommenden Jahres.

165 SA – ROSS-MEER, Cape Washington
Anfang Dezember beginnt bei den Jungtieren die Mauser.

166 Kaiserpinguine können auch im Stehen schlafen und legen dabei ihren Kopf zur Seite.

167 Die nicht brütenden Tiere beginnen meist schon früher mit der Mauser als Brütende.

168 Mit zunehmender Sonnenscheindauer schmilzt der Schnee und gibt eine eisige Kulisse preis.

169 In wenigen Wochen wird das Packeis aufbrechen.

170 Das schöne Wetter soll nicht darüber hinwegtäuschen, dass die Temperaturen im Minusbereich liegen.

171 Im Sommer sind die Distanzen bis zum offenen Meer kürzer und so bleibt den erwachsenen Tieren mehr Zeit.

172/173 Im Dezember, gegen Ende der Brutsaison, warten die Kaiserpinguine aufs Aufbrechen des Packeises.

174 SA – AMUNDSEN-SEE (Russkaya)
Dezember oder Januar verlassen die Kaiserpinguine ihre Brutplätze.

175 NA – PRINCESS ASTRID COAST
Die Altvögel werden schon in wenigen Monaten wieder zurückkehren. Die Jungvögel bleiben 4 bis 5 Jahre auf offener See. Wo sie sich genau aufhalten, ist nicht klar, aber es wurden schon einzelne Tiere in den Gewässern vor Neuseeland oder Falkland gesichtet.

ANTARKTISCHES PARADIES

177 SA – AMUNDSEN-SEE (Russkaya)
Die eigentlichen Herrscher in der Antarktis sind die Kaiserpinguine. Der Mensch bleibt trotz modernster Technik immer nur Gast auf Zeit.

 Unter dem Patronat der
Schweizerischen UNESCO-Kommission
Commission suisse pour l'UNESCO
Commissione svizzera per l'UNESCO
Cumissiun svizra per l'UNESCO

Wir freuen uns Ihnen mitteilen zu können, dass die Schweizerische UNESCO-Kommission dem Buchprojekt über das Werk des Schweizer Fotografen und Umweltschützers Bruno P. Zehnder mit dem Titel «Welt der Pinguine» ihr Patronat gewährt.

Das Konzept und die Ausrichtung des Buches konkretisieren die Werte und Ziele der UNESCO, wird doch darin nicht nur das künstlerische Werk Bruno P. Zehnder's gewürdigt, sondern auch sein unermüdliches Engagement zum Erhalt der Antarktis als Lebensraum der Pinguine und zum Schutz der Umwelt. Sein Anliegen vermittelt er durch seine Bilder, die über Generationen Anklang finden und ein breites Publikum sensibilisieren.

Wir gratulieren Ihnen zu dieser Initiative und hoffen, dass wir mit unserem Patronat zum guten Gelingen beitragen können.

Madeleine Viviani
Generalsekretärin

WELT DER PINGUINE

Fotografien	Bruno P. Zehnder
Text und Gestaltung	Charly Hochstrasser, Co-Projektleiter «UNTER PINGUINEN»
Einleitung	Prof. Dr. David G. Senn, Professor für Zoologie an der Universität Basel
Persönliches	Hanspeter Gschwend, Schriftsteller und Redaktor bei Radio DRS
Bildrechte	Guido W. Nic. Zehnder, zchienlit@aol.com
Lithografie/Druck	Zollikofer AG, St. Gallen
Buchbinderei	Sigloch, Blaufelden
ISBN 10	3-033-00915-8
ISBN 13	978-3-033-00915-8

© 2006 Eidenbenz Kalenderverlag, St. Gallen, www.eidenbenz.ch

Seit Februar 2002 existiert das Ausstellungsprojekt «UNTER PINGUINEN», eine Wanderausstellung mit den Bildern von Bruno P. Zehnder. Sie wurde bereits mehrfach in Schweizer Museen gezeigt. www.unterpinguinen.com bietet Informationen zu Bruno P. Zehnder, zu diesem Buch und zum Ausstellungsprojekt «UNTER PINGUINEN».

Das Buch, einschliesslich aller seiner Teile, ist urheberrechtlich geschützt. Der ganze oder auszugsweise Abdruck und die elektronische oder mechanische Vervielfältigung jeglicher Art sind nicht erlaubt. Alle Bildrechte liegen bei Guido W. Nic. Zehnder. Abdruckgenehmigungen in Zusammenhang mit dieser Buchausgabe erteilt der Eidenbenz Kalenderverlag, St. Gallen.